Alexander Dix

# Datenschutz und transatlantische Freihandelszone

## Karlsruher Dialog zum Informationsrecht

**Band 5**

Karlsruher Institut für Technologie (KIT),
Zentrum für Angewandte Rechtswissenschaft
Indra Spiecker gen. Döhmann (Hrsg.)

Eine Übersicht über alle bisher in dieser Schriftenreihe erschienenen Bände finden Sie am Ende des Buches.

# Datenschutz und transatlantische Freihandelszone

von
Alexander Dix

 Scientific Publishing

**Impressum**

 Scientific Publishing

Karlsruher Institut für Technologie (KIT)
KIT Scientific Publishing
Straße am Forum 2
D-76131 Karlsruhe

KIT Scientific Publishing is a registered trademark of Karlsruhe Institute of Technology.
Reprint using the book cover is not allowed.
www.ksp.kit.edu

Print on Demand 2013

ISSN 2194-2390
ISBN 978-3-7315-0086-5

# KARLSRUHER DIALOG ZUM INFORMATIONSRECHT

Seit Juni 2009 gibt es den „Karlsruher Dialog zum Informationsrecht" des Lehrstuhls für Öffentliches Recht, insbesondere Öffentliches Informations-, Telekommunikations- und Datenschutzrecht am Institut für Informations- und Wirtschaftsrecht des Karlsruher Instituts für Technologie (KIT).

Die Vortragsreihe richtet sich an Wissenschaft, Wirtschaft und Praxis gleichermaßen. Sie bietet ein Forum für den Austausch über aktuelle rechtliche Problemstellungen, aber auch Grundsatzfragen aus allen Bereichen des Informationsrechts. Behandelt werden daher Einzelfragen aus Spezialgebieten wie Verbraucherinformationsrecht, Telekommunikationsrecht, Datenschutzrecht oder Medienrecht. Darüber hinaus versteht die Reihe sich aber auch als ein Forum für abstrakte Themen wie die rechtliche Gestaltung der Informationsordnung, Rationalitätsfragen oder Entscheidungsverhalten. Intra- und Interdisziplinarität sind daher selbstverständlich. In diesem Sinne bietet der „Karlsruher Dialog zum Informationsrecht" Juristen aller Fächer, aber auch Vertretern interessierter Nachbarwissenschaften wie Informatik, Verhaltenswissenschaft oder Ökonomie eine Gelegenheit zum offenen, intensiven und übergreifenden Diskurs.

Die Vorträge finden mehrmals während des Semesters statt, in der Regel jeweils Dienstag, 18 Uhr 30, in Karlsruhe. Ins Leben gerufen hat die Vortragsreihe Prof. Dr. Indra Spiecker genannt Döhmann, LL.M., mit Unterstützung ihres Kollegen Prof. Dr. Thomas Dreier, M.C.L. Sie ist Inhaberin des Lehrstuhls für Öffentliches Recht, insb. Öffentliches Informations-, Datenschutz- und Telekommunikationsrecht am Institut für Informations- und Wirtschaftsrecht. Dieses Institut macht den Kern des Zentrums für Angewandte Rechtswissenschaften aus und ist beheimatet am Karlsruher Institut für Technologie (KIT), dem Zusammenschluss von Universität Karlsruhe und Forschungszentrum Karlsruhe GmbH. Es befasst sich aus öffentlich-rechtlicher wie privatrechtlicher Sicht mit allen Rechtsfragen rund um die Informationsgesellschaft.

Mit der Schriftenreihe wird den Vortragenden beim „Karlsruher Dialog zum Informationsrecht" Gelegenheit gegeben, ihren Vortrag und die Erkenntnisse der anschließenden Diskussion zu veröffentlichen, ohne den räumlichen, zeitlichen und inhaltlichen Zwängen einer Zeitschrift, eines Archivbeitrags oder eines Sammelbandes genügen zu müssen.

Karlsruhe, im August 2013


Prof. Dr. Indra Spiecker gen. Döhmann

# EINLEITUNG

Datenschutz ist kein national zu bewältigendes Problem mehr. Datenhandel findet weltweit statt, und viele Anbieter nehmen Datenverwendungen außerhalb Deutschlands und Europas wahr. An einem international gültigen Rechtsregime fehlt es indes, ebenso wie an Kollisionsregelungen, welche nationalen Regelungen im Konfliktfall anwendbar sein sollen. Die europäische Datenschutzrichtlinie trifft hier zwar eindeutige Regelungen und erklärt im Prinzip jede Datenverarbeitung auf europäischem Boden als gebunden an die Vorgaben des europäischen Rechts. Mit dieser Einschränkung im Rahmen des sog. „Territorialitätsprinzips" kann sie allerdings keinen Einfluss ausüben auf Datenverarbeitungen außerhalb Europas – auch wenn die verarbeiteten Daten von europäischen Bürgern stammen.

Immerhin wird gelegentlich auf nationale und europäische Regelungen reagiert und haben diese Auswirkungen auf die Ausgestaltung von Informationsdiensten. Cloud Computing oder Google Street View haben dies eindrücklich illustriert. Dies gilt nicht zuletzt deshalb, weil die Nutzer dieser Dienste, insbesondere die professionellen Nutzer, zunehmend Informationsschutz und Informationssicherheit einfordern. Gleichzeitig lassen sich im Rahmen der Reformen des Datenschutzes durch eine europäische Datenschutz-Grundverordnung Ansätze erkennen, vom Territorialitätsprinzip abzurücken und die Datenverarbeitung von Daten europäischer Bürger zum Ansatzpunkt für die Rechtsgeltung zu machen. Die Notwendigkeit internationaler Absprachen ist zumindest auf europäischer Seite erkannt.

Vor diesem Hintergrund können möglicherweise die Verhandlungen zwischen der EU und den USA über ein transatlantisches Handels- und Investitionsabkommen ein Ansatzpunkt sein, auch die Rolle des Datenschutzes verstärkt einzubringen. Angesichts der jüngsten Berichte über eine weltweite Überwachung der Internetnutzung durch den US-Geheimdienst NSA ist die Dringlichkeit einer solchen Verständigung noch einmal virulent geworden.

Der langjährige Informationsfreiheits- und Datenschutzbeauftragte Dr. Alexander Dix stellt in seinem Beitrag einige Bereiche vor, in denen ein Nachdenken über eine Annäherung zwischen US-amerikanischen und europäischen Vorstellungen zum Umgang mit Informationen dringlich ist, neben offenkundigen Bereichen wie dem Cloud Computing etwa das Kartellrecht oder auch das Beweisrecht im internationalen Zivilprozessrecht.

Karlsruhe, im August 2013

Indra Spiecker gen. Döhmann

# DATENSCHUTZ
## UND TRANSATLANTISCHE FREIHANDELSZONE[1]

DR. ALEXANDER DIX, LL.M.(LOND.), BERLIN[2]

## I.

### Ausgangslage

Beim G8-Gipfel im Juni 2013 im irischen Enniskillen wurde der Startschuss für Verhandlungen zwischen der Europäischen Union und den Vereinigten Staaten von Amerika über eine Transatlantische Partnerschaft für Handel und Investitionen (Transatlantic Trade and Investment Partnership – TTIP) gegeben. Die politischen Erwartungen auf beiden Seiten des Atlantiks an eine solche Freihandelszone sind groß. Der Handel zwischen den Vereinigten Staaten und der Europäischen Union erreichte 2012 eine Größenordnung von 646 Mrd. US$[3]. Die Europäische Union hat vermutlich das größere Interesse an einem solchen Abkommen, von dem sie sich eine jährliche Steigerung des Exports von Gütern und Dienstleistungen um weitere 250 Mrd. US$ erhofft[4]. Angesichts der anhaltenden Euro-Krise und der gegen Null gehenden Leitzinssätze wäre ein solches Abkommen vermutlich eines der letzten verbliebenen Instrumente, um das so dringend benötigte Wachstum zu erzeugen. Auch die US-Regierung hat erhebliches Interesse an einem solchen Abkommen, denn sie muss sich ebenfalls der Realität stellen, dass für die sog. „BRICS"-Staaten (Brasilien, Russland, Indien, China und Südafrika) für 2027 ein größeres Wirtschaftswachstum prognostiziert wird als für die westlichen Volkswirtschaften. Andererseits haben die Vereinigten Staaten bereits insofern Vorsorge getroffen, als sie gegenwärtig mit den Pazifik-Anrainerstaaten Verhandlungen über eine Freihandelszone (Transpacific Partnership – TPP) führen, die voraussichtlich schon 2014, also deutlich vor einer transatlantischen Freihandelszone abgeschlossen werden dürften. Auch aus diesem Grund und nicht nur wegen der besseren

---

[1]  Aktualisierte und mit Fußnoten versehene Fassung eines am 2.7.2013 gehaltenen Vortrags im Rahmen des Karlsruher Dialogs zum Informationsrecht. Der Vortragsstil wurde weitgehend beibehalten.

[2]  Der Autor ist Berliner Beauftragter für Datenschutz und Informationsfreiheit und Vorsitzender der Internationalen Arbeitsgruppe zum Datenschutz in der Telekommunikation („Berlin Group").

[3]  Europe and U.S. Trade Pact Uncertain, The New York Times International Weekly, 21.6.2013.

[4]  Ebda.

Wirtschaftslage in den USA ist die US-Regierung also nicht in gleicher Weise auf den Erfolg der Verhandlungen über TTIP angewiesen wie die Europäische Union. Die angestrebten transatlantischen und transpazifischen Freihandelsabkommen sind zugleich die Reaktion auf das Scheitern der Verhandlungen in der Doha-Runde der Welthandelsorganisation (WTO).

In erster Linie geht es bei den Verhandlungen über eine transatlantische Freihandelszone – wie schon zuvor im Rahmen der WTO – um den Abbau von Zöllen und sog. nicht-tarifären Handelshemmnissen. Zu diesen zählen etwa Normen und Standards im Bereich der Lebensmittelsicherheit (z. B. zu genetisch veränderten Lebensmitteln), der Verkehrssicherheit bei Autoimporten, der Medikamentensicherheit und der Kontrolle von riskanten Finanzmarktprodukten. Aber auch Fragen des Urheberrechtsschutzes und seiner Durchsetzung im Internet könnten eine Rolle spielen. Auf Druck der französischen Regierung ist der Bereich der europäischen Film- und Musikproduktion aus dem Verhandlungsmandat der EU-Kommission faktisch ausgeklammert worden, um ihn vor dem als übermächtig empfundenen Hollywood zu schützen („exception culturelle").

Welche Rolle spielt der Datenschutz bei diesen Verhandlungen? Das Europäische Parlament hat betont, dass ein Freihandelsabkommen die in Europa geltenden Datenschutzregeln achten sollte[5]. Vor allem aber: Welche Auswirkungen haben die bekannt gewordenen Aktivitäten der National Security Agency (NSA) von den Abhöraktionen im Ratsgebäude in Brüssel über die EU-Vertretung in Washington bis hin zur massiven Überwachung praktisch jedes Menschen, der sich der Telekommunikation bedient und insbesondere das Internet nutzt?

## II.

### Gemeinsamkeiten und Unterschiede zwischen Europa und den USA

Zunächst sei daran erinnert, dass es auf beiden Seiten des Atlantiks durchaus gemeinsame Wertvorstellungen zum Schutz der Privatsphäre gibt. In ihrem einflussreichen Aufsatz haben Samuel Warren und Louis Brandeis am Ausgang des 19. Jahrhunderts erstmals formuliert, dass jeder Mensch das Recht habe, allein gelassen zu werden[6]. Auch wenn sie dabei auf common law-Prinzipien und andere europäische Einflüsse rekurrierten[7], wird man diesen Aufsatz als einen entscheidenden

---

[5] Vgl. Ziff. 24 der Entschließung des Europäischen Parlaments v. 15.5.2013 zum Abschluss der Debatte über das Verhandlungsmandat (B7-0195/2013).

[6] *Samuel D. Warren & Louis D. Brandeis*, The Right to Privacy, 4 HARV. L. REV. 193 (1890).

[7] Vgl. *Whitman*, The Two Western Cultures of Privacy: Dignity versus Liberty, The Yale Law Journal, 113(6), 1151-1221.

amerikanischen Beitrag zur Debatte um den Schutz der Privatsphäre („Privacy") ansehen müssen. „Privacy" ist allerdings nicht gleichbedeutend mit dem Recht auf informationelle Selbstbestimmung. Dieses vom Bundesverfassungsgericht entwickelte und später ausdrücklich als Grundrecht auf Datenschutz bezeichnete Recht jeder Person auf den Schutz der sie betreffenden Daten ist mittlerweile in der Europäischen Grundrechte-Charta garantiert[8]. Es schützt die Handlungs-, Wahl- und Verhaltensfreiheiten jedes Einzelnen, die zwar die gleiche verfassungsrechtliche Grundlage haben wie der Schutz der Privatsphäre, mit ihr aber nicht deckungsgleich sind, sondern über sie hinausgehen[9]. Auch wenn dieses Grundrecht letztlich seine Basis in der Menschenwürde findet, lässt sich daraus kaum ein prinzipieller Unterschied zum amerikanischen Verständnis des Privatsphäre-Schutzes ableiten[10]. Auch das europäische Verständnis vom Datenschutz ist primär freiheitsorientiert und war anfangs – etwa in der Volkszählungsdebatte 1983 – auch primär staatsgerichtet. Umgekehrt interpretiert der U.S. Supreme Court in seiner neueren Rechtsprechung Bundesgesetze, die den Charakter bereichsspezifischer Datenschutzgesetze haben, verfassungskonform im Sinne des Privatsphäre-Schutzes[11].

Allerdings gibt es durchaus wesentliche Unterschiede im Verständnis von Datenschutz auf beiden Seiten des Atlantiks. Während das europäische Datenschutzrecht – schon die Richtlinie von 1995 – alle Phasen der Datenverarbeitung von der Erhebung über die Speicherung, Übermittlung und weitere Nutzung erfasst, wird in den USA die Erhebung und Speicherung von personenbezogenen Daten, also etwa auch das Einfrieren von Daten, die im Zuge eines Zivilprozesses von der Gegenseite im Verfahren der Pre-trial Discovery herausverlangt werden könnte, nicht als Datenschutzproblem angesehen. Erst die Verwendung und Weitergabe dieser Daten hält man in den USA für datenschutzrelevant und ggf. für regelungsbedürftig.

Im Zusammenhang mit dem jüngst bekannt gewordenen PRISM-Programm der National Security Agency hat ein Mitglied des Europäischen Parlaments hierfür ein plastisches Bild gewählt: „Die Amerikaner sammeln den Heuhaufen, um die Nadeln zu finden. Wir sagen, wir wollen die Nadeln finden und brauchen gar keinen

---

[8]   Art. 8.

[9]   Vgl. näher *Dix*, Verhandlungen des 69. Deutschen Juristentages (2012), Bd. II, O 9 ff., O 11 f.

[10]  So aber *Whitman*, a.a.O . (FN ##), 1160 ff. Dass die Achtung der Menschenwürde auch in der aktuellen US-amerikanischen Diskussion eine Rolle spielt, zeigt der Beitrag von *S. Zuboff*, Seid Sand im Getriebe!, FAZ v. 24.6.2013, S. 27.

[11]  Vgl. *Maracich v. Spears*, decided June 17, 2013 <http://www.supremecourt.gov/opinions/12pdf/12-25_4314.pdf> zum Drivers' Privacy Protection Act. Zur Rechtsprechung des Supreme Court zur Privatsphäre allgemein *F. Cate/B. Cate*, International Data Privacy Law Vol. 2 No. 4 (2012), S. 255 ff.

Heuhaufen."[12] Diese Aussage ist zwar insofern erstaunlich, als der Europäische Gesetzgeber (also auch das Europäische Parlament) den hiesigen Sicherheitsbehörden mit der Richtlinie zur Vorratsdatenspeicherung[13] ebenfalls den Zugriff auf „Heuhaufen" in Form von Verbindungsdaten bei den Telekommunikationsanbietern eröffnet hat. Das Bild vom Heuhaufen ist aber gleichwohl erhellend, weil es deutlich macht, dass in den USA das unbegrenzte Anlegen von Datensammlungen nicht nur im Bereich der Nachrichtendienste – über die noch zu sprechen sein wird – als unkritisch angesehen wird, solange die gesammelten Daten nur sicher aufbewahrt und nicht unkontrolliert weitergegeben werden. Datenschutz in den USA wird weithin als die „Umzäunung" von Datenbeständen verstanden. Die Begrenzung der Datenerhebung bis hin zur Datenvermeidung, wie sie das europäische Datenschutzrecht mit dem Erforderlichkeitsgrundsatz vorschreibt, ist im US-amerikanischen Rechtsraum weitgehend unbekannt.

Ein weiterer wesentlicher Unterschied zwischen den USA und Europa besteht darin, dass der Datenschutz in Europa sowohl nach der Grundrechte-Charta als auch nach der Datenschutzrichtlinie von 1995 ein Menschenrecht ist, während in den USA nur US-Staatsangehörige sich auf den Privacy Act berufen dürfen.


## III.
### Datenschutz als Handelshemmnis?

Das Ziel aller Freihandelsabkommen multilateraler oder bilateraler Art ist der Abbau von Zöllen und anderen, nicht-tarifären Handelshemmnissen. Deshalb stellt sich die Frage, ob der Datenschutz bei den Verhandlungen über eine transatlantische Freihandelszone von der US-Regierung mit dem Argument thematisiert werden könnte, es handele sich um ein – abzubauendes – nicht-tarifäres Handelshemmnis. Diese Frage ist im Rahmen der Welthandelsorganisation schon 1994 negativ beantwortet worden. Im Allgemeinen Übereinkommen über den Handel mit Dienstleistungen (GATS) findet sich eine ausdrückliche Regelung, wonach „dieses Übereinkommen nicht dahingehend ausgelegt werden (darf), dass es die Annahme oder Durchsetzung von Maßnahmen eines Mitglieds verhindert...die erforderlich sind, um die Einhaltung von Gesetzen oder sonstigen Vorschriften zu gewährleisten, die nicht im Widerspruch zu diesem Übereinkommen stehen, ein-

---

[12] *Axel Voss* MdEP, zit. nach Der Tagesspiegel, 22.6.2013, Kleiner Bruder, großer Bruder, S. 30.

[13] Richtlinie 2006/24/EG des Europäischen Parlaments und des Rates vom 15. März 2006 über die Vorratsspeicherung von Daten, die bei der Bereitstellung öffentlich zugänglicher elektronischer Kommunikationsdienste oder öffentlicher Kommunikationsnetze erzeugt oder verarbeitet werden, und zur Änderung der Richtlinie 2002/58/EG, Abl. EU Nr. L 105 vom 13/04/2006 S. 0054 – 0063.

schließlich solcher…zum Schutz der Persönlichkeit bei der Verarbeitung und Weitergabe personenbezogener Daten…"[14] Dies gilt unter der Voraussetzung, dass entsprechende Maßnahmen nicht als Mittel zur willkürlichen oder unberechtigten Diskriminierung unter Ländern eingesetzt werden, in denen gleiche Bedingungen herrschen, oder die eine verdeckte Beschränkung des Handels mit Dienstleistungen darstellen würden.

Daraus ergibt sich, dass die Europäische Kommission etwaige Wünsche der US-Regierung nach einer Absenkung des europäischen Datenschutzniveaus unter Hinweis auf das GATS-Übereinkommen von 1994 zurückweisen müsste.

Solche Wünsche müssten aber noch aus einem anderen Grund zurückgewiesen werden. Das Recht jeder Person auf Schutz der sie betreffenden Daten ist ein in der Europäischen Grundrechte-Charta verankertes Menschenrecht. Es kann deshalb nicht zum Gegenstand von Verhandlungen gemacht werden, worauf sowohl das Europäische Parlament als auch der Bundesrat hingewiesen haben. Dementsprechend ist der Datenschutz auch nicht Teil des Verhandlungsmandats, das der Rat der Kommission erteilt hat. Allerdings wäre die Kommission nicht daran gehindert, sich in den Verhandlungen mit der US-Regierung dafür einzusetzen, das Datenschutzniveau in den USA insbesondere im für den transatlantischen Handel wichtigen Sektor der Privatwirtschaft erstmals auf einem möglichst hohen Niveau bundesgesetzlich zu verankern[15].

Unabhängig von diesen prinzipiellen Überlegungen soll anhand dreier beispielhafter Problembereiche gezeigt werden, wo im transatlantischen Verhältnis Gesprächsbedarf in Sachen Datenschutz besteht. Dabei handelt es sich um die Bereiche Cloud Computing (IV.), E-Discovery (V.) und Kartellrecht (VI.). Das kann nur in der hier gebotenen Kürze geschehen. Es gibt noch eine Vielzahl anderer Rechtsbereiche, die im Rahmen der Verhandlungen angesprochen werden könnten und bei denen Datenschutzfragen zur Sprache kommen müssten. Zu denken ist etwa an das Urheberrecht. Auf diese Bereiche kann hier nicht eingegangen werden. Stattdessen sollen in einem abschließenden Exkurs noch notwendige Konsequenzen aus der bekannt gewordenen flächendeckenden Überwachung der transatlantischen Kommunikation durch Geheimdienste (VII.) erörtert werden.

---

[14]  Art. XIV c) ii) GATS-Abkommen.

[15]  Dafür haben sich sowohl die Konferenz der Datenschutzbeauftragten des Bundes und der Länder am 13./14.3.2013 http://datenschutz-berlin.de/content/deutschland/konferenz als auch die Europäische Konferenz der Datenschutzbeauftragten am 16./17.5.2013 http://www.bfdi.bund.de/SharedDocs/Publikationen/Entschliessungssammlung/EuDSK/EntschliessungZurGewaehrleistungDesDatenschutzesInEinerTransatlantischenFreihand elszone.pdf?__blob=publicationFile ausgesprochen.

# IV.

## Cloud Computing

Am schnell wachsenden Markt der Cloud Computing-Dienste haben US-Unternehmen wie Amazon, Google und Microsoft erhebliche Anteile. In Europa treffen sie auf einen Rechtsrahmen, der die Verantwortung für die Datenverarbeitung grundsätzlich beim Nutzer von Cloud Computing-Diensten verortet. Dieser kann zwar die Datenverarbeitung „in die Wolke" verlagern, um so stets die aktuellste Hard- und Software nutzen und Kosten sparen zu können. Eines kann der Nutzer aber nicht: auch die Verantwortung für die Zulässigkeit und Sicherheit der Datenverarbeitung „in die Wolke" verlagern, also gewissermaßen „verdunsten" lassen. Nach Auffassung der europäischen Datenschutzbeauftragten bleibt der Nutzer solcher Cloud-Dienste in aller Regel verantwortlich und kann den Cloud-Anbieter lediglich mit der Datenverarbeitung beauftragen[16].

Allerdings lässt das europäische Datenschutzrecht eine transatlantische Auftragsdatenverarbeitung nur unter engen Voraussetzungen zu. Anders ausgedrückt: Die Weitergabe von Daten an einen Datenverarbeiter im außereuropäischen Ausland ist grundsätzlich stets eine Datenübermittlung, unterliegt also strengeren Anforderungen als eine innereuropäische Datenverarbeitung[17]. Denn innerhalb Europas sind die Handlungen des europäischen Auftragsverarbeiters ohne weiteres dem Auftraggeber zuzurechnen. Daraus folgt, dass jeder, der Cloud-Dienste nutzen will, zunächst feststellen muss, wo der Cloud-Anbieter die Daten physisch verarbeiten will. Auf diese Frage haben insbesondere US-Anbieter wiederholt eine Antwort verweigert oder darauf hingewiesen, dass sie die Daten in Datencentern rund um den Globus jeweils dort verarbeiten, wo gerade die Bedingungen (z. B. Auslastung) am günstigsten sind. Auch die Datenverarbeitung in der Cloud ist aber nicht „ortlos". Die Cloud-Anbieter können feststellen, wo bestimmte Datenverarbei-

---

[16] Vgl. Stellungnahme 5/2012 der Art. 29-Gruppe zum Cloud Computing (WP 196); Stellungnahme des Europäischen Datenschutzbeauftragten zur Cloud-Strategie der Europäischen Kommission, https://secure.edps.europa.eu/EDPSWEB/webdav/site/mySite/shared/Documents/Consultation/Opinions/2012/12-11-16_Cloud_Computing_EN.pdf.

[17] Vgl. Orientierungshilfe Cloud Computing der Arbeitskreise Medien und Technik der Konferenz der Datenschutzbeauftragten des Bundes und der Länder v. 26.9.2011, abrufbar unter http://www.datenschutz-berlin.de/content/technik/ratgeber/technisch-organisatorische-empfehlungen-und-orientierungshilfen. Die Aufsichtsbehörden in Deutschland verlangen bei Abschluss eines Standardvertrages nach den von der Kommission durch Entscheidung vom 5.2.2010 (ABl. Nr. L 39 S. 5) genehmigten Standardklauseln die Übernahme der Vorgaben für die Auftragsdatenverarbeitung analog § 11 BDSG, vgl. Beschluss des Düsseldorfer Kreises v. 19./20.4.2007 zum Internationalen Datenverkehr, in: Berliner Beauftragter für Datenschutz und Informationsfreiheit, Dokumente 2007 zu Datenschutz und Informationsfreiheit, S. 28 ff.

tungsprozesse physisch stattfinden, und sie haben auch kein schutzwürdiges Interesse daran, dem Cloud-Nutzer diese Information zu verweigern[18]. Denn der Cloud-Nutzer kann seiner datenschutzrechtlichen Verantwortung nur genügen, wenn er weiß, welchem Rechtsregime die Daten in der Wolke unterliegen.

Ein praktisches Beispiel: Die Verwaltung der zweitgrößten dänischen Stadt Odense plante die Auslagerung ihrer gesamten Datenverarbeitung auf Google. Da das US-Unternehmen der Stadtverwaltung aber keine Auskunft darüber gab, wo die Daten physisch verarbeitet werden sollten, untersagte die dänische Datenschutzbehörde dieses Vorhaben, weil nicht zu überprüfen war, ob durch die Verlagerung in die Cloud das Datenschutzniveau für die Bürger von Odense verringert würde. Eine solche Verringerung soll nach Auffassung der Internationalen Arbeitsgruppe zum Datenschutz in der Telekommunikation aber vermieden werden[19]. Das europäische Datenschutzrecht verbietet darüber hinaus die Weitergabe in Drittstaaten, in denen kein angemessenes Datenschutzniveau herrscht. Im Fall des weltumspannenden Cloud Computing ist das nicht nur ein Problem im Verhältnis zu den USA, sondern erst recht im Verhältnis zu anderen außereuropäischen Ländern ohne jedes Datenschutzrecht.

Auch deshalb erscheint es plausibel, dass die Europäische Kommission eine europäische Cloud-Strategie beschlossen hat, um in Europa ansässigen Unternehmen Wettbewerbsvorteile im Verhältnis zu US-amerikanischen Anbietern zu sichern. Parallel dazu entwickeln in der Bundesrepublik Unternehmen wie die Deutsche Telekom Angebote, die den Nutzern eine Datenverarbeitung im Inland und nach den hier geltenden Regeln und Sicherheitsstandards sichern sollen. Daten, die auf europäischen Servern verarbeitet werden, unterliegen überdies prinzipiell nicht dem Zugriff der US-Sicherheitsbehörden nach dem Patriot Act und dem Foreign Intelligence Surveillance Act, der in seinem Umfang – wie wir inzwischen wissen – weit über die Befugnisse und Möglichkeiten des Bundesnachrichtendienstes hinausgeht. Bezeichnenderweise empfehlen nach den neuesten Enthüllungen nicht allein Datenschutzbeauftragte[20], sondern auch das Bundesamt für Verfassungsschutz, von der Nutzung amerikanischer Cloud-Dienste Abstand zu nehmen, wenn

---

[18] *Dix*, Verhandlungen des 69. Deutschen Juristentages (2012), Bd. II, O 9 ff., O 10 f.; International Working Group on Data Protection in Telecommunications, Sopot-Memorandum, www.datenschutz-berlin.de/content/europa-international/international-working-group-on-data-protection-in-telecommunications-iwgdpt/working-papers-and-common-positions-adopted-by-the-working-group.

[19] International Working Group on Data Protection in Telecommunications, ebda.

[20] So der schleswig-holsteinische Landesdatenschutzbeauftragte *Weichert*, http://www.faz.net/aktuell/feuilleton/medien/datenschuetzer-thilo-weichert-im-gespraech-wir-empfehlen-keine-amerikanischen-dienste-12216568.html .

man vor dem Zugriff des US-Geheimdienstes sicher sein will[21]. Nachdem allerdings das Projekt Tempora des britischen Geheimdienstes GCHQ bekannt geworden ist, muss man bezweifeln, ob der Verzicht auf amerikanische Cloud- und Internet-Dienste vor systematischer Ausspähung schützt.

## V.

### E-Discovery

Ein weiterer Problembereich im transatlantischen Verhältnis, der möglicherweise im Rahmen eines Freihandelsabkommens thematisiert werden könnte, betrifft die elektronische Beweisführung bei Zivilprozessen, die sog. E-Discovery. Während das US-Recht (die Federal Rules of Civil Procedure) jedem Kläger vor US-Gerichten das Recht einräumt, von dem Beklagten bereits vor einer gerichtlichen Verhandlung umfassend die Offenlegung von Beweisen zu verlangen, die zur Begründung des Anspruchs nützlich sein können (Pre-trial Discovery), verbietet jedenfalls das kontinentaleuropäische Zivilprozessrecht den Ausforschungsbeweis. Hier besteht ein ganz grundsätzlicher Gegensatz zwischen dem US-Prozessrecht mit seiner Suche nach der Wahrheit (dem „rauchenden Colt") fast um jeden Preis und dem kontinentaleuropäischen Prozessrecht mit seinem Beibringungsgrundsatz und dem Verbot der Ausforschung.

So musste etwa eine Versicherungsnehmerin in den USA sämtliche Mails und Facebook-Einträge gegenüber ihrer Versicherung offenlegen, die der Meinung war, es bestünde kein Krankenversicherungsschutz. Mit Hilfe der elektronischen Korrespondenz wollte die Versicherung belegen, dass die Krankheit psychisch bedingt war, was zum Leistungsausschluss führte. Die Berufung der Versicherten auf den Schutz der Privatsphäre verfing vor Gericht nicht[22]. In den USA hat sich mittlerweile eine regelrechte „Discovery-Industrie" entwickelt, bei der private Dienstleister im Auftrag des Klägers die Mail-Systeme beklagter Unternehmen auch in Europa systematisch nach bestimmten Stichworten durchsuchen. Beklagte Unternehmen sind faktisch gezwungen, mit hohem Kostenaufwand ihre Informationssysteme nach Beweisen zu durchsuchen, wenn sie keine empfindlichen prozessualen und evtl. sogar strafrechtlichen Nachteile in den USA in Kauf nehmen wollen. Zwar sieht das Haager Übereinkommen über die Beweisaufnahme im Ausland in Zivil- und Handelssachen von 1970 ein bestimmtes Verfahren bei grenzüberschreitenden Beweiserhebungen vor. Allerdings hat der U.S. Supreme Court schon früh entschieden, dass die Einhaltung dieses Abkommens für Kläger vor US-Gerichten

---

[21]  http://www.wiwo.de/technologie/digitale-welt/datenschutz-verfassungsschutz-warnt-vor-aussereuropaeischen-clouds/8382022.html.

[22]  The big data dump – A deluge of electronic information may overwhelm American civil justice, The Economist, 28.8.2008.

nicht zwingend ist[23]. Ausländisches Datenschutzrecht im Rahmen der Discovery ist danach nur unter bestimmten engen Voraussetzungen zu beachten. Zudem hat die Bundesrepublik in einem Vorbehalt zum Haager Beweisübereinkommen erklärt, dass sie offiziellen Ersuchen nach vorprozessualer Beweisübermittlung keine Folge leisten wird.

In jüngster Zeit hat allerdings ein Dialog zwischen einer privaten Vereinigung von US-amerikanischen Juristen, der Sedona Conference, und den europäischen Datenschutzbehörden begonnen, um in diesem Konflikt zwischen unterschiedlichen Prozessrechtssystemen zu vermitteln. Die Sedona Conference hat Prinzipien zur internationalen Beweisübermittlung veröffentlicht, in denen erstmals die Schranken der Datenübermittlung nach europäischem Datenschutzrecht genannt und in bestimmtem Umfang anerkannt werden[24]. Inwieweit die US-Bundesgerichte diese Prinzipien zugrunde legen werden, bleibt abzuwarten. Die Prinzipien sind von der Artikel 29-Gruppe der Europäischen Datenschutzbehörden grundsätzlich positiv aufgenommen worden[25]. Allerdings verbleiben Differenzen in den Bereichen des Beschäftigtendatenschutzes und des Telekommunikationsgeheimnisses. In beiden Bereichen sieht das US-Recht ein erheblich niedrigeres Schutzniveau vor als das EU-Recht. Ob diese Differenzen im Rahmen des TTIP-Abkommens angesprochen oder gar gelöst werden können, ist zweifelhaft.


## VI.

### Kartellrecht

Schließlich soll noch auf einen dritten Bereich hingewiesen werden, in dem der Datenschutz Einfluss auf ein mögliches Freihandelsabkommen zwischen Europa und den USA haben könnte. Der freie Handel wird seit jeher auch durch Monopole und Oligopole beeinträchtigt. Deshalb bemühen sich auf beiden Seiten des Atlantiks Kartellbehörden darum, Marktmacht zu begrenzen.

---

[23] Société Nationale Industrielle Aérospatiale and Société de Construction d'Avions de Tourisme v. United States District Court for the Southern District of Iowa, 482 U.S. 522 (1987).

[24] The Sedona Conference International Principles On Discovery, Disclosure And Data Protection: Best Practices, Recommendations & Principles for Addressing the Preservation and Discovery of Protected Data in U.S. Litigation (European Union Edition), abrufbar unter www.thesedonaconference.org.

[25] Vgl. schon die Arbeitsunterlage 1/2009 über Offenlegungspflichten im Rahmen der vorprozessualen Beweiserhebung bei grenzübergreifenden zivilrechtlichen Verfahren (pre-trial discovery), WP 158, zu Vorüberlegungen der Sedona Conference, abrufbar unter http://ec.europa.eu/justice/data-protection/article-29/documentation/opinion-recommendation/index_en.htm#h2-2.

In den USA wurde schon 1984 die marktbeherrschende Telefongesellschaft AT&T („Ma Bell") in einem Kartellverfahren in regionale Telefongesellschaften („Baby Bells") aufgeteilt. Andererseits ließ die U.S. Federal Trade Commission 2007 die Übernahme von Double Click durch Google ebenso zu[26] wie wenig später auch die Europäische Kommission. Die Mehrheit der FTC[27] übersah dabei, dass die Konzentration von Informationsmacht auch Auswirkungen auf die informationelle Autonomie Betroffener haben kann. Ein modernes Kartellrecht muss sowohl in Europa als auch in den USA diesem Gesichtspunkt stärker Rechnung tragen. Dabei sind jeweils auch Fragen nach dem relevanten Markt für bestimmte Produkte und Dienstleistungen im Web 2.0 zu beantworten[28]. Der Schutz der informationellen Selbstbestimmung muss künftig in kartellrechtliche Entscheidungen Eingang finden, denn informationelle Selbstbestimmung verträgt sich schlecht mit Informationsmonopolen.

Der Gedanke der informationellen Gewaltenteilung ist in Deutschland vom Bundesverfassungsgericht im öffentlichen Bereich als freiheitssicherndes Element entwickelt worden[29]. Dementsprechend sollte auch im Bereich der Wirtschaft über Maßnahmen nachgedacht werden, wie Marktmacht begrenzt und marktbeherrschende Unternehmen notfalls entflochten werden können. Die selbstregulierende Kraft des Marktes ist lange Zeit überschätzt worden. Heute wird das mittlerweile hochkommerzialisierte globale Netz von Informations-Oligopolen dominiert, die sich ihre Regeln selbst setzen. Wenn es jemals realistisch war, den Schutz der informationellen Selbstbestimmung der „unsichtbaren Hand" des Marktes zu überlassen, so ist diese Annahme heute angesichts des weitgehenden Marktversagens vollends illusorisch[30]. Ziel einer Absprache im Rahmen der transatlantischen Freihandelszone müsste es sein, gemeinsame Kriterien dafür zu entwickeln, wann Marktbeherrschung auch die informationelle Selbstbestimmung der Kunden gefährdet.

---

[26] In the matter of Google/DoubleClick F.T.C. File No. 071-0170.

[27] Vgl. demgegenüber das Dissenting Statement of Commissioner Pamela Jones Harbour, ebda.

[28] Dazu *Jones Harbour/Koslov*, Section 2 in a Web 2.0 world: An expanded vision of relevant product markets, Antitrust Law Journal, Vol.76 (2010), 769.

[29] Beschluß der 1. Kammer des Ersten Senats des Bundesverfassungsgerichts vom 18. Dezember 1987 - 1 BvR 962/87.

[30] Vgl. *Dix*, Verhandlungen des 69. Deutschen Juristentages (2012), Bd. II, O 9 ff., O 17 f.

# VII.

## Was folgt aus PRISM und Tempora?

Welche Konsequenzen könnten nun die Enthüllungen über die Aktivitäten der US-amerikanischen und britischen Geheimdienste NSA (PRISM) und Government Communications Headquarters - GCHQ (Tempora) für die Verhandlungen über eine transatlantische Freihandelszone haben? Nachdem bekannt geworden ist, dass die NSA sowohl im Gebäude des Europäischen Rates in Brüssel als auch in der EU-Vertretung in Washington Abhörtechnik installiert und sicher auch genutzt hat, sind erste Forderungen von Seiten der Europäischen Kommission laut geworden, das Freihandelsabkommen auf Eis zu legen[31]. Noch weitreichendere Konsequenzen hat es aber möglicherweise, dass die NSA nach dem Bericht des SPIEGEL monatlich eine halbe Milliarde Kommunikationsverbindungen aus Deutschland speichert[32]. Dass es sich dabei vorwiegend offenbar um Meta-Daten und keine Kommunikationsinhalte handelt, macht die Sache nicht besser: Zum einen lassen Meta-Daten die Erstellung von Bewegungs- und Kontaktprofilen zu, zum anderen können die Geheimdienste offenbar jederzeit unkontrolliert die Grenze zur Überwachung der inhaltlichen Kommunikation überschreiten, wenn sie es wollen.

Bekanntlich verhandelt bereits seit 2010 eine High Level Contact Group erfolglos über ein Rahmenabkommen zwischen der Europäischen Union und den USA über den Datenschutz im Sicherheitsbereich. Dabei zeigte sich die US-Regierung dem Vernehmen nach jahrelang eher uninteressiert an einer Einigung, während sie sich stark und letztlich mit Erfolg für ein Abkommen über die anlasslose Übermittlung von Flugpassagierdaten in die USA einsetzte. Die Forderungen der Europäischen Kommission nach Rechtsschutz für Europäer in den USA und nach einer strikteren Zweckbindung erhobener Daten stießen bisher auf taube Ohren.

Stattdessen erreichte die US-Regierung, dass die Europäische Kommission eine restriktive Regelung der Datenübermittlung in Drittländer (nur im Rahmen internationaler Vereinbarungen oder nach Genehmigung durch die nationalen Datenschutzbehörden[33]) aus ihrem Entwurf für die Datenschutz-Grundverordnung strich. Der Berichterstatter im federführenden Ausschuss des Europäischen Parlaments[34] setzt sich dafür ein, dass eine entsprechende Vorschrift wieder in die Grundverordnung aufgenommen wird[35]. Auch wenn zweifelhaft ist, ob diese Vorschrift den Aktivitäten der NSA nach dem Foreign Intelligence Surveillance Act (FISA) effek-

---

[31] So die Vizepräsidentin *Viviane Reding*, Spiegel Online.
http://www.spiegel.de/politik/ausland/nsa-spaehprogramme-reding-stellt-freihandelsabkommen-mit-usa-in-frage-a-908642.html.

[32] Der Spiegel 27/2013 v. 1.7.2013, S. 76 ff.

[33] Art. 42 des geleakten Vorentwurfs.

[34] *Jan-Philipp Albrecht* MdEP.

[35] Art. 43a des sog. Albrecht-Berichts.

tiv Grenzen setzen würde, wenn sie in Kraft träte[36], ist im Europäischen Parlament eine gewisse Tendenz zu erkennen, den Datenexport in Drittstaaten und damit auch in die USA (außerhalb des Bereichs der Geheimdienste) an strengere Vorgaben zu knüpfen. So wird mit Sicherheit auch das Safe Harbor-Abkommen auf den Prüfstand kommen, bei dem bisher die Frage stets ausgeklammert wurde, wie weit der Zugriff der US-Sicherheitsbehörden nach dem Patriot Act auf Daten reicht, die an Safe-Harbor-zertifizierte Unternehmen übermittelt werden. Denn mittlerweile steht außer Frage, dass die NSA zum einen sehr viel weiter reichende Befugnisse nach US-Recht hat als etwa der Bundesnachrichtendienst und dass sie im Übrigen keiner transparenten Kontrolle unterliegt, die mit der Kontrolle des deutschen Auslandsgeheimdienstes vergleichbar wäre. Die von Edward Snowden veröffentlichte Entscheidung des geheim tagenden Foreign Intelligence Surveillance Court vom 25. April 2013 enthält den interessanten Zusatz, dass sie am 19. Juli 2013 außer Kraft tritt (wenn sie nicht verlängert wird) und nicht vor dem 12. April 2038 veröffentlicht werden darf.

Bei aller strukturellen Ähnlichkeit der Zugriffsrechte von Nachrichtendiensten auf private Kommunikation und Datenbestände in vielen Staaten der Erde[37] bestehen doch signifikante Unterschiede gerade zwischen den USA[38] und Großbritannien[39] einerseits und der Bundesrepublik andererseits. So hat das Bundesverfassungsgericht in seiner Rechtsprechung zur strategischen Fernmeldeüberwachung durch den Bundesnachrichtendienst beispielsweise hervorgehoben, dass die von Überwachungsmaßnahmen Betroffenen nach dem G 10-Gesetz von der Überwachungsmaßnahme in Kenntnis zu setzen sind, wenn dem nicht ausnahmsweise Gesichtspunkte des Geheimschutzes entgegenstehen[40]. Ganz unabhängig von der Frage, ob der Bundesnachrichtendienst dieser Pflicht in der Praxis nachkommt, bleibt festzuhalten, dass unsere Verfassungsordnung ein Mindestmaß an Transparenz und expost-Kontrolle vorsieht, die im Gegensatz zur Situation in den USA sowohl Inländern als auch Ausländern eine gerichtliche Überprüfung der geheimdienstlichen Aktivitäten ermöglicht. Da der Europäische Gerichtshof für Menschenrechte die vom Bundesverfassungsgericht entwickelten Grundsätze zur Begrenzung strategischer Abhörmaßnahmen bei der Auslegung der Europäischen Menschenrechtskonvention weitgehend übernommen hat[41], gelten sie de iure auch für Großbritannien.

---

[36] Der gestrichene Art. 42 des Vorentwurfs der Kommission wird zu Unrecht als „Anti-FISA-Klausel" bezeichnet. Richtig ist allerdings, dass das US-State Department sich im Interesse der US-Unternehmen für die Streichung dieser Klausel eingesetzt hat.

[37] Vgl. dazu die Beiträge in: International Data Privacy Law Vol. 2 No. 4 (2012).

[38] Vgl. die Beiträge von *S. Pell*, ebda., S. 245 ff., sowie *F. Cate/B. Cate*, ebda., S. 255 ff.

[39] Vgl. den Beitrag von *I. Brown*, ebda., S. 230 ff.

[40] BVerfGE 100, 313 ff., 398 f.

[41] EGMR, Urt. v. 29.6.2006 (Weber u. Saravia/Deutschland); Urt. v. 1.7.2008 (Liberty/Vereinigtes Königreich).

Einfachgesetzlich sind die Nachrichtendienste allerdings auch in Deutschland pauschal dem Anwendungsbereich der Informationsfreiheitsgesetze entzogen, ohne dass es dafür einen sachlichen Grund gäbe. Das haben die Informationsfreiheitsbeauftragten soeben öffentlich kritisiert[42]. Auch wenn es im Einzelfall natürlich geheimhaltungsbedürftige Informationen bei den Nachrichtendiensten gibt, sind die generellen Bereichsausnahmen in den Informationsfreiheitsgesetzen des Bundes und der Länder nicht gerechtfertigt. Sollte es zutreffen, dass die Bundesregierung und die Regierungen der früheren westlichen Besatzungsmächte in geheimen Verwaltungsvereinbarungen zum Zusatzabkommen zum NATO-Truppenstatut bei der Verabschiedung des G 10-Gesetzes 1968 der NSA weitreichende Befugnisse auf bundesdeutschem Boden eingeräumt haben[43], dann müssen alle diese Vereinbarungen spätestens jetzt veröffentlicht und aufgehoben[44] werden.

Mehr Transparenz ist wichtig, reicht allerdings nicht aus. Die Europäische Union muss schon aus Gründen der Selbstachtung jetzt darauf dringen, dass ihre Verhandlungsführer und Einrichtungen nicht vom Verhandlungspartner USA ausgespäht und abgehört werden. Das gilt in gleicher Weise für die Bundesrepublik, die offenbar wegen der Konzentration wichtiger Netzknoten besonders intensiv überwacht wird. Von gegenseitiger Überwachung frei gestellt sind offenbar nur die sog. „Five Eyes" (USA, Großbritannien, Kanada, Australien und Neuseeland), die schon das ECHELON-System zur Überwachung der Satellitenkommunikation betreiben. Dies war bereits im Jahr 2001 Gegenstand einer Untersuchung auf europäischer Ebene, deren Ergebnis vom Europäischen Parlament mit breiter Mehrheit gebilligt wurde[45]. Sechs Tage nach dieser Abstimmung wurden die Anschläge des 11. September 2001 verübt und die Diskussion verstummte. Noch im Jahr 2000 hatte der damalige CIA-Direktor Woolsey offen eingeräumt, dass das ECHELON-System auch für Zwecke der politischen Wirtschaftsspionage, etwa zur Aufdeckung von Korruption eingesetzt würde, um die Interessen amerikanischer Unternehmen staatlicherseits zu unterstützen[46]. Seit dem 11. September haben die Geheimdienste weltweit, aber insbesondere in den USA und in Großbritannien die massive Aus-

---

[42] Entschließung der 26. Konferenz der Informationsbeauftragten in Deutschland v. 27.6.2013 („Transparenz bei den Sicherheitsbehörden"), abrufbar unter http://www.lda.brandenburg.de/sixcms/detail.php?template=bbo_lda_sitzungen_dfb_d &_konf=bb1.c.281402.de&_aria=ae&_typ=Entschlie%C3%9Fung.

[43] Der Text einer entsprechenden deutsch-britischen Vereinbarung findet sich bei *Josef Foschepoth*, Überwachtes Deutschland, Post- und Telefonüberwachung in der alten Bundesrepublik, 2012, S. 298 ff.

[44] Bestimmte Verwaltungsvereinbarungen mit den USA, Grossbritannien und Frankreich sind im August 2013 aufgehoben worden. Welche praktischen Konsequenzen dies hat, ist allerdings offen.

[45] http://www.spiegel.de/netzwelt/web/dokumentation-der-offizielle-echelon-bericht-von-gerhard-schmid-an-das-eu-parlament-a-155819.html.

[46] Vgl. *M. Sattar*, Ja, meine Freunde, wir spionieren euch aus!, FAZ 2.7.2013, S.3.

begründet. Aber man muss kein Verschwörungstheoretiker sein, um festzustellen, dass die riesigen Datensammlungen der NSA und des GCHQ auch für andere, z. B. wirtschaftliche Zwecke verwendet werden. Die Ausspähung von Gipfeltreffen und EU-Institutionen lässt sich mit Terrorismusbekämpfung jedenfalls nicht begründen.

Die deutsche IT-Wirtschaft befürchtet durch den Ausspähungsskandal mit Recht einen erheblichen Vertrauensverlust bei den Kunden und entsprechende Umsatzeinbußen. Die vom Präsidenten des Branchenverbandes BITKOM empfohlene Verwendung von datenarmen Meta-Suchmaschinen löst allerdings nicht das zentrale Problem, dass alle Kommunikationsdaten von der NSA und dem GCHQ registriert werden können. Dennoch ist die europäische IT-Wirtschaft jetzt aufgerufen, dem einzelnen Nutzer Dienste und technische Werkzeuge zur Verfügung zu stellen, die ihm die digitale Selbstverteidigung erleichtert (z. B. kostenlose Ende-zu-Ende-Verschlüsselung).

Es mag sein, dass die wirtschaftlichen Interessen beiderseits des Atlantiks an einem Freihandelsabkommen zu groß sind, um sie an den bekannt gewordenen Ausspähaktionen scheitern zu lassen, zumal auch der britische Geheimdienst an ihnen beteiligt ist. Ein künftiges transatlantisches Freihandelsabkommen ist vermutlich auch nicht der richtige Ort, um sich auf Regeln zur Begrenzung von Geheimdienstaktivitäten zu verständigen. Aber es muss letztlich international vereinbarte Mindeststandards zu Kontrolle und Begrenzung von Maßnahmen der Telekommunikationsüberwachung geben, wenn die bereits existierenden Garantien der Privatsphäre und des Datenschutzes in der Allgemeinen Erklärung der Menschenrechte von 1948[47], in der Europäischen Menschenrechtskonvention von 1950[48], im Internationalen Pakt über bürgerliche und politische Rechte von 1966[49] und im Vertrag von Lissabon von 2007[50] im Kern noch Gültigkeit behalten sollen. Die Bundesregierung ist verfassungs- und völkerrechtlich verpflichtet, die Bürgerinnen und Bürger in Deutschland vor exzessiver Ausspähung ihrer Kommunikation durch ausländische Geheimdienste zu schützen, die offenbar jedes Maß verloren haben[51]. Davon darf sie sich auch nicht durch eine mögliche Interessenidentität des Bundesnachrichtendienstes und „befreundeter" Geheimdienste abhalten lassen. Ebensowenig ist der Bundesnachrichtendienst befugt, die Bindungen des deutschen Rechts dadurch zu umgehen, dass er sich der Erkenntnisse anderer Nachrichtendienste bedient, die er selbst nicht hätte erheben dürfen.

---

[47] Art. 12.
[48] Art. 8.
[49] Art. 71.
[50] Art. 16 Vertrag über die Arbeitsweise der Europäischen Union.
[51] Dazu genügt es, wenn ein Kommunikationspartner sich in Deutschland befindet, vgl. BVerfGE 100, 313 ff., 363 f.

Von Adalbert Podlech, einem der Väter des deutschen Datenschutzrechts, stammt der Satz, dass Geheimdienste in einem Rechtsstaat Fremdkörper sind. Nur kontrollierte Macht, so Podlech weiter, kann regelgeleitete Macht sein[52]. Dem entspricht die Erkenntnis eines Kommentators in der International Herald Tribune: „The danger, it seems to me, is not surveillance per se….The danger is the absence of rigorous, independent regulation and vigilant oversight to keep potential abuses of power from becoming a real menace to our freedom."[53] In derselben Zeitungsausgabe bezeichnete Viviane Reding die Enthüllungen über PRISM als „Weckruf für all diejenigen, die die Reformvorschläge der Europäischen Kommission für den Datenschutz bisher blockiert haben"[54]. Unabhängig vom Erfolg der Verhandlungen über eine transatlantische Freihandelszone ist zu hoffen, dass dieser Weckruf gehört wird. Das in der Europäischen Grundrechte-Charta garantierte Menschenrecht auf Datenschutz darf nicht erneut – wie bei den Abkommen über die Flugpassagierdaten und zu SWIFT – zur Verhandlungsmasse werden.

Die europäischen Unterhändler könnten ihre amerikanischen Verhandlungspartner an den Satz eines der Gründerväter der Vereinigten Staaten, Benjamin Franklin, erinnern: „Diejenigen, die bereit sind, eine wesentliche Freiheit aufzugeben, um ein wenig vorübergehende Sicherheit zu erlangen, verdienen weder Freiheit noch Sicherheit."[55] Es bleibt zu hoffen, dass diese Worte noch verstanden werden.

---

[52] Interview im Rahmen des Projekts „Datenschutzgeschichte" in der Mediathek des Unabhängigen Landeszentrums für Datenschutz Schleswig-Holstein, https://www.datenschutzzentrum.de/interviews.

[53] *Bill Keller*, Living with the surveillance state, International Herald Tribune, June 18, 2013, p. 8.

[54] *V. Reding*, Protecting Europe's privacy, International Herald Tribune, June 18, 2013, p. 9.

[55] Historical Review of Pennsylvania (1759).

# KURZBIOGRAPHIE

## DR. ALEXANDER DIX

Studium der Rechtswissenschaften in Bochum, Hamburg und London

Master of Laws an der London School of Economics and Political Science

1984 Promotion an der Universität Hamburg

1985 Beginn der Tätigkeit beim Berliner Datenschutzbeauftragten

1990-1998 Stellvertreter des Berliner Datenschutzbeauftragten

1998-2005 Landesbeauftragter für den Datenschutz und für das Recht auf Akteneinsicht in Brandenburg

seit Juni 2005 Berliner Beauftragter für Datenschutz und Informationsfreiheit

Dr. Alexander Dix ist Vorsitzender der Internationalen Arbeitsgruppe zum Datenschutz in der Telekommunikation (international auch bekannt als „Berlin Group"), Mitglied der Artikel 29-Gruppe der Europäischen Datenschutzbeauftragten sowie Mitherausgeber des Jahrbuchs Informationsfreiheit und Informationsrecht.

# BISHERIGE VORTRÄGE
## DES „KARLSRUHER DIALOG ZUM INFORMATIONSRECHT"
## SEIT 2009

Prof. Dr. Andreas Voßkuhle
Präsident des Bundesverfassungsgerichts/Albert-Ludwigs-Universität Freiburg
  „Ist Wissen Macht? Der Wissensstaat"

Prof. Dr. Stefan Bechtold, J.S.M. (Stanford Law School)
ETH Zürich
  „Die Regulierung von IT-Sicherheit im Schnittfeld von Recht, Ökonomie
  und Psychologie"

Dr. Anja Mengel, LL.M. (Columbia Univ.)
Partnerin Altenburg Fachanwälte für Arbeitsrecht, Berlin
  „Aktuelles zum Arbeitnehmerdatenschutz – politische Glasperlenspiele?"

Dr. Niels Petersen, M.A. (Columbia Univ.)
Max-Planck-Institut zur Erforschung von Gemeinschaftsgütern, Bonn /
New York University, New York City
  „Informationsgewinnung als Methodenproblem – braucht die Rechtswissenschaft
  eine empirische Wende?"

Thorsten Feldmann
Partner JBB Rechtsanwälte, Berlin
  „spickmich.de und die Folgen: Regulierung von Medieninhalten durch das
  Bundesdatenschutzgesetz?"

Sven Marx
Gesellschaft für Telematikanwendungen der Gesundheitskarte mbH
  „Die elektronische Gesundheitskarte als Instrument des Selbstdatenschutzes –
  Rechtlicher Rahmen, technische Lösungen und Perspektiven"

Prof. Dr. Friedrich Schoch
Albert-Ludwigs-Universität Freiburg
  „Neuere Entwicklungen im Verbraucherinformationsrecht"

Bettina Robrecht
SCHUFA Holding AG, Wiesbaden
  „Das SCHUFA-Verfahren im Lichte der BDSG-Novelle 2009"

Prof. Dr. Christian Kirchberg
Kanzlei Deubner & Kirchberg, Karlsruhe
  „Der Fall Brender und die Aufsicht über den öffentlich-rechtlichen Rundfunk"

Per Meyerdierks
Google Germany GmbH, Hamburg
„Folgen datenschutzrechtlicher Dogmen – Einige Beispiele aus der Praxis"

Prof. Dr. Dan Wielsch, LL.M. (Berkeley)
Universität zu Köln
„ „Corpus iuris Googliensis": Zur privatrechtlichen Konstruktion von Zugangsregeln durch Intermediäre"

Martin Schallbruch
Bundesministerium des Inneren, Berlin
„Schutz der Bürger in der Informationsgesellschaft: Sichere Identitäten und Schutz informationstechnischer Systeme"

PD Dr. Kai von Lewinski
Humboldt-Universität zu Berlin
„Datenflut – Informationsrecht als Deich, Damm, Kanal oder Rettungsring?"

Prof. Dr. Martin Senftleben
Freie Universität Amsterdam
„Schutz Geistigen Eigentums als Entwicklungshemmnis? – Internationale Rechtsdurchsetzung nach ACTA und die Belange der Entwicklungsländer"

Dr. Margrit Seckelmann, M.A. (FU Berlin)
Deutsches Forschungsinstitut für öffentliche Verwaltung, Speyer / DHV Speyer
„Informationen durch Benchmarking – die Leistungsvergleiche nach Art. 91d GG"

Prof. Dr. Thomas Fetzer, LL.M. (Vanderbilt)
TU Dresden
„Breitbandinternetausbau und Investitionsanreize in der sektorspezifischen Telekommunikationsregulierung"

Prof. Dr. Ralf B. Abel
Kanzlei Abel, Hamburg, und FH Schmalkalden (em.)
„Die EU-Datenschutz-Grundverordnung – Meilenstein oder Monstrum?"

Prof. Dr. Thomas Vesting
Goethe-Universität Frankfurt am Main
„Die Tagesschau App und die Notwendigkeit der Schaffung eines ‚Intermedien-kollisionsrechts' "

Dr. Alexander Dix
Berliner Beauftragter für Datenschutz und Informationsfreiheit
„Datenschutz und transatlantische Freihandelszone"

 **zum Informationsrecht**

ISSN 2194-2390

Karlsruher Institut für Technologie (KIT),
Zentrum für Angewandte Rechtswissenschaft
Indra Spiecker gen. Döhmann (Hrsg.)

Die Bände sind unter www.ksp.kit.edu als PDF frei verfügbar
oder als Druckausgabe bestellbar.

Band 1        Christian Kirchberg
              Der Fall Brender und die Aufsicht über den
              öffentlich-rechtlichen Rundfunk, 2012
              ISBN 978-3-86644-840-7

Band 2        Margrit Seckelmann
              Informationen durch Performance Measurement –
              Die Leistungsvergleiche nach Art. 91d GG, 2012
              ISBN 978-3-86644-871-1

Band 3        Kai von Lewinski
              Datenflut und Recht – Informationsrecht als Deich,
              Kanal, Wasserhahn oder Rettungsring?, 2013
              ISBN 978-3-86644-989-3

Band 4        Thomas Vesting
              Die Tagesschau-App und die Notwendigkeit
              der Schaffung eines „Intermedienkollisionsrechts", 2013
              ISBN 978-3-7315-0055-1

Band 5        Alexander Dix
              Datenschutz und transatlantische Freihandelszone, 2013
              ISBN 978-3-7315-0086-5